GOLDSMITH

ET

LES INSTITUTIONS DE L'ANGLETERRE

AU DIX-HUITIÈME SIÈCLE

PAR

Henri DUMÉRIL

(Extrait du *Recueil de Législation de Toulouse*, 1908.)

TOULOUSE

IMPRIMERIE ET LIBRAIRIE ÉDOUARD PRIVAT

Librairie de l'Université

14, RUE DES ARTS (SQUARE DU MUSÉE)

1908

GOLDSMITH

ET

LES INSTITUTIONS DE L'ANGLETERRE

AU DIX-HUITIÈME SIÈCLE

Il est toujours intéressant et souvent utile de rechercher dans les œuvres littéraires l'empreinte qu'y ont laissée les institutions du pays et de l'époque où elles ont été écrites. Sans doute la vie de tous les peuples n'est pas aussi profondément imprégnée de droit que celle du peuple romain ; sans doute aussi on peut assez fréquemment, comme on s'est plu naguère à le faire pour un de nos grands écrivains dramatiques contemporains [1], relever chez les poètes ou les romanciers mainte inexactitude de détails indiquant suffisamment qu'on n'a pas affaire à des jurisconsultes de profession. Il serait téméraire de conclure hâtivement d'une phrase rencontrée dans une comédie ou une nouvelle à l'existence d'une loi. Mais n'allons pas, par excès de défiance, refuser toute valeur à un pareil témoignage. Peut-être la loi à laquelle il est fait allusion a-t-elle été mal comprise, peut-être même n'a-t-elle jamais existé. Mais le passage où il en est parlé prouve tout au

---

1. F. Moreau, *Le Code civil et le théâtre contemporain : M. Alexandre Dumas*, 1887.

moins que certaines personnes y croyaient ou l'ont inter-
prétée de telle ou telle manière. Or, les lois n'ont de
valeur réelle que par la façon dont elles sont appliquées
dans la pratique, dont elles sont passées dans les mœurs.
Il est des textes législatifs, dûment votés et promulgués,
qui restent toujours lettre morte, il est au contraire des
préjugés, des idées, parfois erronés, sans fondement dans
aucun Code, qui pendant des années, peut-être des siècles,
ont été religieusement conservés et observés comme règles
de conduite par des populations entières. Ces idées, ces
préjugés, dédaignés ou ignorés des juristes qui ne les
inscrivent même pas toujours dans les recueils de coutumes
ou de simples usages locaux, ne sont-ils pas aussi impor-
tants dans la vie d'un peuple que les dispositions légales
ou les arrêts des juridictions supérieures, objets de notre
respect religieux — d'aucuns disent superstitieux ? C'est
dans la littérature, surtout dans la littérature populaire,
dans ces récits et ces chansons, ces documents de toute
sorte compris aujourd'hui sous le nom de *folk-lore*, c'est
aussi chez les écrivains réalistes que nous les retrouverons
consignés[1]. Par écrivains réalistes je n'entends pas uni-
quement, je me hâte de le dire, les écrivains dits natura-
listes ou naturistes ; je veux parler de tous ceux qui obser-
vent attentivement et décrivent exactement, qui savent
regarder et peindre, prenant pour sujet les hommes et les
choses qui les entourent. Les grands poètes comiques, les
meilleurs romanciers de mœurs ont toujours été des réalistes. Il n'est point besoin pour mériter ce nom de se
complaire à ne montrer de la nature humaine que les mau-

---

1. Les idées sociales et juridiques de Balzac, par exemple, ont fait
chez nous l'objet de plus d'un travail. Voy. notamment : F. Roux, *Balzac jurisconsulte et criminaliste*, 1906, et J. Lefort, *Revue générale du Droit*, sept.-oct. 1906, pp. 438-454.

vais côtés; il l'est bien moins encore de choisir parmi ces
mauvais côtés, trop nombreux, je l'accorde, les plus hon-
teux et les moins avoués. Pareille tendance, soit dit en
passant, pourrait bien ne pas toujours tenir à une concep-
tion exclusivement pessimiste de la vie. Peut-être les écrivains *naturistes* ont-ils trop médité la parole demeurée
célèbre d'un empereur romain que l'argent n'a pas d'odeur,
vînt-il d'un égoût. S'il est parfois exagéré de soutenir que
les peuples n'ont que la littérature qu'ils méritent, ils ont
toujours du moins celle qu'ils achètent. Mais fermons cette
parenthèse. La littérature est un miroir qui, à l'exemple de
certaines glaces, peut déformer les objets qu'elle reflète,
les coutumes et les institutions qu'elle prétend décrire;
mais l'image peut être aussi intéressante à contempler que
l'objet lui-même; bien plus, on a vu quelquefois l'objet se
modeler sur ce qui en était censé être la reproduction.

Depuis des siècles déjà, la littérature anglaise, parmi les
traits d'une physionomie qui lui est restée propre dans le
cours de ses transformations et malgré l'influence de mo-
dèles étrangers, a toujours gardé un caractère réaliste.
Nous retrouvons ce caractère dès une époque reculée dans
le drame, puis dans la satire et dans l'essai. L'épopée en
vers dont les longs récits charmaient la vieille Angleterre
est devenue de bonne heure l'épopée en prose, le roman.
Si le roman anglais ne fut souvent, au temps de sa jeunesse que le roman romanesque, genre La Calprenède et
Scudéry, il y a deux siècles qu'il est autre chose et mieux;
on y retrouve cette puissance et cette justesse d'observa-
tion qui avait déjà vivifié chez nos voisins les genres plus
haut nommés [1]. Nous pouvons donc chercher, dans les
œuvres littéraires, avec quelque espoir d'être récompensé

1. Voy. J. Jusserand, *Le Roman Anglais,* 1886, p. 43.

de notre travail, des renseignements utiles, non tant peut-
être sur les lois elles-mêmes que sur la manière dont elles
étaient appliquées et sur l'opinion qu'on avait d'elles. Or,
l'opinion dans un pays libre n'est-elle pas le législateur
par excellence?

J'ai entre les mains un livre américain sur *le Droit et les
hommes de la loi dans la littérature*[1]. L'ouvrage est amu-
sant ; il comprend des analyses et des extraits d'auteurs de
tous les temps et de toutes les nationalités, mais il ne s'oc-
cupe guère que des procès, de ceux qui en font, et de ceux
qui en vivent, tels que les écrivains les ont décrits. Il ne
prétend pas, d'ailleurs, même dans ce champ restreint,
être autre chose qu'une chrestomathie, et il laisse de côté le
fond même des institutions. L'histoire, fût-elle sommaire,
du droit d'un seul pays, d'après les poètes, les auteurs dramatiques et les romanciers, serait une tâche considérable.
Ce n'est même pas un chapitre de cette histoire, mais une
section, moins encore, quelques paragraphes d'une section,
que je tente aujourd'hui.

I. — C'est chez Goldsmith que je puiserai les renseignements contenus dans ces quelques pages[2]. L'auteur du
Ministre de Wakefield est au premier chef un écrivain
réaliste, dans le meilleur sens du mot. Partout dans ses
ouvrages, quels qu'ils soient, poésies, comédies, essais,
romans, nous retrouvons sa biographie : d'invention il en
a peu, et ce n'est pas là son fort. Mais ses parents, mais

---

1. Irving Browne, *Law and Lawyers in Literature*, Boston, 1883.
2. Un chapitre du très intéressant ouvrage de W. Forsyth, *The Novels
and Novelists of the Eighteenth Century, in Illustration of the Man-
ners and Morals of the Age*, Londres, 1871, est consacré en partie à
Goldsmith (pp. 305-312), mais il ne parle guère que du *Ministre de
Wakefield*.

ses amis, ceux avec lesquels il a vécu, lui-même surtout, nous les voyons à peine déguisés ; les situations où l'auteur les place, les événements qu'il rapporte, il en a été le témoin ou même il y a figuré comme acteur. Et tout est dessiné avec une telle fidélité, avec des contours si nets, des traits si vivants, que l'image s'en grave pour toujours dans l'esprit du lecteur. Que les incidents soient souvent mal expliqués, mal reliés entre eux, notamment dans le *Ministre de Wakefield*, qu'ils soient amenés et accumulés de façon bizarre, parfois invraisemblable, nul ne le conteste. Cela tient à la pauvreté d'invention que j'ai reconnue tout à l'heure ; mais dans la peinture des caractères qu'il a observés de près, dans chaque situation prise en particuculier, quel vif sentiment de la réalité ! La part de l'imagination créatrice est petite ; l'intrigue est faible — vaut-elle mieux dans quelques-unes des meilleures pièces de Molière ? Je ne sais si le reste a jamais été surpassé[1].

Mais ce n'est pas ici le lieu de parler des défauts et des qualités littéraires de notre auteur : il nous suffit d'avoir constaté que c'est surtout d'après sa propre expérience qu'il écrivait : cette constatation doit ajouter quelque intérêt à l'étude que nous nous proposons de faire.

II. — Je passerai rapidement sur les passages ayant trait à la constitution politique de l'Angleterre. Goldsmith était de ceux qui voient le salut dans l'alliance d'une royauté forte et d'un Tiers Etat dévoué. L'aristocratie ne lui inspire guère que défiance, surtout quand elle se mélange de ploutocratie, et il ne reconnaît pas assez les services rendus par une puissante aristocratie aux libertés britanniques[2].

1. Voy. Lord Lytton, *Essai sur Goldsmith* (*Miscellaneous Prose Works*, éd. Tauchnitz, t. I, p. 72).

2. L'idée d'une « Tory Democracy » remonte à Bolingbroke qui,

L'histoire postérieure de son pays nous prouve qu'il avait tort; l'histoire de France, dès cette époque, pouvait le lui montrer aussi bien. Chez nous, les rois et le peuple s'étaient unis contre la noblesse; le pouvoir politique des grands n'existait plus ; ils n'avaient conservé que de vains honneurs, et quelques privilèges plus insupportables aux petits que réellement utiles à eux-mêmes, prix d'une domesticité désormais acceptée sans murmure. Le peuple n'avait gagné aucun avantage que le progrès des idées et l'adoucissement des mœurs ne lui eussent procuré tout naturellement : il obéissait à des intendants au lieu d'obéir à de grands vassaux : le gain, en somme, était médiocre.

En Angleterre les Whigs avaient déjà mis à néant les desseins des Stuarts et allaient bientôt tenir en échec un roi d'une faible intelligence et d'un caractère obstiné qui n'aurait pas demandé mieux que de rentrer dans la voie funeste par eux suivie jadis. Mais, je le répète, je ne veux pas revenir sur une question dont j'ai entretenu jadis une autre Académie toulousaine [1].

J'insisterai seulement sur le peu d'importance que notre auteur attribue en somme aux gouvernements et aux législations pour faire le bonheur ou le malheur d'un peuple. Ce sont, il aime à le redire, nos propres dispositions qui font notre félicité ou notre infortune. Il exagère même dans ce sens : si les lois ou les rois peuvent assez peu pour le bien, ils ne peuvent que trop pour le mal. Rappelons aussi son horreur de la ploutocratie; il avait beaucoup voyagé;

---

dans son *Roi patriote*, avait exposé la théorie d'une monarchie liguée avec le peuple contre l'aristocratie. Sur l'évolution de cette idée jusqu'à nos jours, voy. un article de la *Scottish Review* du 24 octobre 1907, p. 371.

1. Voy. *Mémoires de l'Académie des sciences, inscriptions et belles-lettres de Toulouse,* 1888: *Un voyageur anglais en France* (2ᵉ partie).

il connaissait la Hollande et l'Italie ; il parle avec une certaine amertume de ces républiques où « les lois gouvernent les pauvres, et où les riches gouvernent les lois [1] ».

Conservateur par tempérament, il se plaint quelque part qu'en Angleterre les changements soient aussi fréquents, la mode aussi capricieuse pour les lettres et les arts que pour la politique et les lois [2].

Remarquons incidemment qu'au dix-septième siècle, et même au dix-huitième, on citait sur le continent l'Angleterre comme un pays amoureux avant tout de révolutions. C'est ainsi que la dépeint Bossuet. Depuis 1789, nous comprenons mieux la différence qui existe entre évolution et révolution, et nous savons mieux les bouleversements que peut préparer l'immobilité superbe, plus apparente que réelle d'ailleurs, d'un régime qui se refuse aux réformes les plus souhaitées et les mieux justifiées. — Nul désir de bouleversement chez Goldsmith. Il voudrait voir plus d'humanité chez les riches, plus de garanties pour les pauvres, des moyens d'existence mieux assurés pour le clergé des campagnes auquel appartenaient tant de membres de sa famille ; mais les doctrines de Rousseau, qu'il connaît, ont sur lui peu de prise ; il ne se soucie guère d'un retour à l'état de nature ; il n'associe pas davantage l'idée de paix aux chaumières avec celle de guerre aux châteaux [3].

Reconnaissons d'ailleurs que le niveau moral, dans la première partie du dix-huitième siècle, avait été des plus bas dans la vie publique. La corruption des membres du Parlement à l'aide de pensions, de sinécures ou même de

---

1. *Le Ministre de Wakefield*, ch. xix.
2. *Le Citoyen du Monde*, lettre XXXIV.
3. Leslie Stephen, *English Thought in the Eighteenth Century*, t. II, p. 443.

sommes d'argent données directement avait été érigée en système par Walpole. On sait quelle place les *bourgs pourris* tenaient dans la représentation nationale. Quant aux élections, le tableau en a été souvent retracé : Goldsmith, dans un essai du 3 avril 1761, nous le présente en ces termes, attribués à un voyageur chinois : « Les Anglais célèbrent en ce moment une fête qui est générale tous les sept ans [1] ; le parlement étant dissous, on en nomme un autre. Cette solennité est de beaucoup inférieure à notre Fête des Lanternes en magnificence et en splendeur ; d'autres fêtes orientales la surpassent aussi pour l'unanimité et la dévotion de ceux qui y participent, mais aucune fête au monde ne peut lui être comparée pour la mangeaille. Je suis stupéfait de ce qui s'y mange ; si j'avais cinq cents têtes et que chacune possédât un cerveau, je serais encore incapable de compter les vaches, les porcs, les oies, les dindons, qui à cette occasion meurent pour le bien de leur pays... Je me suis rendu dernièrement dans un village voisin pour y voir les cérémonies usitées en cette occurence. Je quittai la ville en compagnie de trois joueurs de violon, de neuf douzaines de jambons, et d'un poète attaché à une corporation, le tout destiné à servir de renfort à des libations de gin. Nous fîmes bonne figure en entrant dans la ville ; les joueurs de violon, sans se laisser intimider par l'ennemi, ne cessèrent de manier leur arme en remontant la rue principale. Par cette manœuvre prudente, ils purent aller sans encombre prendre possession de leur quartier général, au milieu des cris de la multitude qui paraissait parfaitement heureuse d'entendre leur musique, et surtout de voir les jambons. — Je ne pouvais m'empêcher alors, je l'avoue, de prendre plaisir à contempler tous les rangs du peuple

---

1. Les Parlements avaient été rendus septennaux en 1716.

confondus dans l'égalité, et les pauvres jouissant en quelque mesure des privilèges primitifs de la nature. S'il y avait quelque distinction faite, c'étaient les personnes de la plus basse condition qui recevaient les hommages des riches. J'ai pu voir un savetier qui tenait une cour à sa porte et un mercier donnant audience derrière son comptoir. — Mais mes réflexions furent bientôt interrompues par une troupe de gens qui me demandèrent si j'étais pour la distillerie ou pour la brasserie. Ces termes m'étant tout à fait inconnus, je pris d'abord le parti de me taire; je ne sais pourtant quelles eussent pu être les conséquences de ma réserve si l'attention de la foule n'avait été détournée par une escarmouche entre la vache d'un buveur de *brandy* et le mâtin d'un buveur de *gin*. Le combat tourna à l'avantage du mâtin, à la grande satisfaction des assistants. — Ce spectacle si récréatif prit fin quand un des candidats parut pour haranguer la foule; il fit un discours très pathétique sur l'excès récent des importations des boissons étrangères et le déclin des distilleries; je pus voir quelques-uns des auditeurs verser des larmes. Parmi les personnes qui lui faisaient cortège se trouvaient la femme du député-lieutenant et celle du maire : la première n'avait pas du tout bu, et la seconde, m'assura un spectateur dans le creux de l'oreille, avait été une fort belle femme avant d'avoir eu la petite vérole. — Mêlé à la multitude, j'allai avec elle jusqu'à la grande salle où l'on élit les magistrats : mais quelle langue peut décrire cette scène de confusion? Tous semblaient également animés par la colère, la jalousie, la politique, le patriotisme et le punch. Je remarquai un personnage porté par deux hommes. J'eus d'abord pitié de ses infirmités que je croyais naturelles, mais je vis bientôt qu'il était tellement ivre qu'il ne pouvait se tenir debout; un autre s'avança pour voter, mais, s'il se tenait sur ses jambes, il avait perdu l'usage de la langue et resta muet; un troisième qui, malgré la boisson, pouvait encore marcher et parler, fut interrogé sur le nom du candidat qu'il préférait; on ne put tirer de lui d'autre réponse que les mots : « tabac et eau-de-vie [1] ». Bref une salle d'élections semble un théâtre où toutes les passions se voient sans déguisement, une école où les sots peuvent facilement devenir pires, et où les philosophes peuvent prendre des leçons de sagesse [2]. »

III. — Esprit largement ouvert, observateur perspicace, Goldsmith avait parcouru, dans les conditions que l'on sait, une bonne partie de l'Europe occidentale, se mêlant surtout aux classes les plus humbles de la société ; les œuvres des philosophes français contemporains lui étaient familières; en Angleterre, il s'était lié avec les hommes les plus distingués de son temps dans la littérature, les arts et la politique, Johnson, Reynolds, Burke, etc. Sans avoir fait d'études de droit — à cette époque le droit ne s'étudiait guère, en Angleterre, que par des stages prolongés dans les cabinets de gens de loi — il demeura longtemps au Temple, séjour ordinaire des légistes [3]. Il y fréquenta les avocats, notamment un Mr. Edmond Bott [4]. On raconte, soit dit en passant, que Blackstone, le célèbre auteur des *Commentaires*, logé au-dessous de lui, fut plus d'une fois troublé dans la composition de ses œuvres par le bruit qui se faisait chez son voisin de l'étage supérieur. Quoi

---

1. Le scrutin secret n'existe en Angleterre que depuis 1872.

2. *Le Citoyen du monde,* lettre CXII. — Dans la lettre CV Goldsmith parle, en termes non moins plaisants, d'une autre solennité, plus rare, mais bien faite pour attirer les foules, le couronnement du roi.

3. Son dernier appartement fut n° 2, Brick Court, Middle Temple (Austin Dobson, *Goldsmith*, p. 137).

4. *Id., ibid.,* p. 144.

qu'il en soit, nous ne devons pas nous étonner que ses vues sur la législation fussent moins étroites que celles de la plupart de ses concitoyens à la même époque. Comme eux il se défiait des systèmes *a priori;* mais son horizon était plus étendu. Il a pu comparer, ce qui permet de mieux juger. Il n'a pas l'esprit *insulaire,* si j'ose m'exprimer ainsi. Il recommande l'étude des institutions étrangères. « Il serait à désirer, écrit-il quelque part, que ceux qui gouvernent les royaumes imitassent les artisans. Si à Londres on invente quelque nouvelle étoffe, on la reproduit immédiatement en France. Quel bonheur ce serait pour la société si un premier ministre était également soucieux de transplanter dans son pays les lois utiles d'un autre! Nous sommes arrivés à imiter parfaitement la porcelaine; essayons d'imiter ce que font nos voisins pour le bien de la société, et que nos voisins imitent de même ce que nous faisons de mieux.[1] » Il cite l'institution hollandaise des faiseurs de paix et du préliminaire de conciliation, ajoutant : « Si les parties se présentent accompagnées d'avocats ou d'avoués, on leur enjoint de se retirer : c'est ainsi que nous retirons les matières combustibles d'un incendie que nous désirons éteindre. »

Il reconnaît d'ailleurs qu'on est souvent mal venu en conseillant l'imitation des étrangers. La fierté nationale en souffre, et, d'ailleurs, peut-on dire au réformateur : « Ne savez-vous pas que les abus sont le patrimoine d'une grande partie de la nation? Pourquoi guérir un mal auquel tant de gens trouvent leur compte? » — « Voilà, s'écrie notre écrivain, un argument auquel il m'est impossible de répliquer. »

Un publiciste français, Odysse Barot, a écrit : « Les

1. *The Bee,* 3 novembre 1759.

Lettres chinoises réunies en un volume sous ce titre : *le Citoyen du Monde* révèlent une hauteur de vues politiques et sociales qui placent Goldsmith bien en avance sur son temps[1]. » Et ce n'est pas seulement dans cette œuvre, inspirée par les *Lettres persanes*, mais où la satire est moins âpre, que nous constatons cette qualité ; nous la retrouvons un peu partout dans les écrits de l'auteur, ceux surtout, naturellement, où il a fait œuvre originale et qui ne sont pas de simples compilations commandées par quelque éditeur.

Goldsmith, ainsi que beaucoup d'Anglais, goûte peu la législation et la réglementation à outrance. Elles sont un danger pour la liberté, et la liberté lui est chère. Mais qu'est-ce au juste que la liberté? A cette question il consacre quelques pages, assez singulières à première vue, mais qu'expliquent ses opinions politiques : « Demandez à un Anglais quelle nation au monde jouit de la plus grande liberté ; il répond immédiatement que c'est la sienne. Demandez-lui en quoi consiste principalement cette liberté, et il se tait à l'instant. Cette heureuse supériorité ne vient pas de ce que le peuple prend ici à la législa-

1. *Littérature contemporaine en Angleterre*, 2ᵉ éd., 1876, p. 75. Je ne connais point de traduction française complète du *Citoyen du Monde* ; il en existe au moins deux traductions partielles : l'une d'Alph. Esquiros (*Voyage d'un Chinois en Angleterre*, collection Hetzel, Bruxelles, s. d.), l'autre de R.-G. d'Alviny (*Le Cosmopolite* de Goldsmith, Laisney, Paris, 1891). Les notes de cette dernière contiennent quelques rapprochements intéressants avec les *Lettres persanes* de Montesquieu, les *Lettres juives* et les *Lettres chinoises* du marquis d'Argens, etc. Sur les prédécesseurs de Goldsmith dans ce genre littéraire, voyez l'introduction dont M. W. A. Brockington a fait précéder son choix de lettres tirées du *Citizen of the World* (Londres, Blackie and Son). Parmi ses successeurs, citons Charles Johnstone, *The Pilgrim*, 1775 ; M. de Lévis, *Les voyages de Kang-Hi ou nouvelles lettres chinoises*, 1810, etc.

tion une plus grande part qu'ailleurs, car sous ce rapport plusieurs Etats européens l'emportent sur nous; elle ne vient pas non plus de ce qu'il est moins grevé d'impôts : peu de pays en paient davantage; elle n'est pas due non plus au petit nombre de lois qui nous régissent : aucune nation n'en a autant; elle ne consiste pas davantage dans une sécurité particulière de la propriété, car la propriété est assez assurée dans tous les Etats civilisés de l'Europe. — Comment se fait-il donc que les Anglais soient plus libres (car ils sont plus libres certainement) que le peuple de n'importe quel autre pays, ou qu'on ne l'est sous n'importe quelle autre forme de gouvernement? Leur liberté consiste en ceci : ils jouissent de tous les avantages de la démocratie, avec ce privilège supérieur emprunté à un régime monarchique, à savoir que *la sévérité de leurs lois peut être relâchée sans danger pour la constitution*[1]. Dans un état monarchique, là où la constitution est plus forte, on peut sans danger se relâcher dans l'application des lois; lors même que le peuple serait unanime pour en violer une en particulier, il y a toujours un pouvoir *effectif* supérieur au peuple, capable d'imposer l'obéissance toutes les fois qu'il convient de faire exécuter la loi pour l'existence ou le bien-être de la communauté. Mais dans tous les gouvernements où les lois tiennent leur sanction *du peuple seul*, on ne peut en tolérer les transgressions sans mettre la constitution en péril. Dans ce cas, ceux qui violent la loi sont les mêmes que ceux qui l'édictent, et elle perd ainsi non seulement son influence mais sa sanction. Dans toute république les lois doivent être fortes parce que la constitution est faible; elles doivent ressembler à un mari asiatique, jaloux à juste titre parce qu'il se sait impuis-

---

1. En italiques dans le texte.

sant. Ainsi en Hollande, en Suisse et à Gênes, on ne promulgue pas souvent de nouvelles lois, mais on observe les anciennes avec une sévérité soutenue. Dans de telles républiques, donc, le peuple est esclave, esclave des lois faites par lui-même ; il l'est à peine moins que dans les monarchies pures où il est esclave de la volonté d'un seul, sujet aux mêmes faiblesses. — En Angleterre, grâce à une variété d'heureux accidents, la constitution est assez forte, ou, si vous aimez mieux, assez monarchique pour permettre de se relâcher dans la sévérité des lois, et pourtant ces lois restent assez fortes pour gouverner le peuple. C'est l'état le plus parfait de liberté civile dont nous puissions nous former une idée : chez nous nous voyons un plus grand nombre de lois que dans tout autre pays ; le peuple n'obéit qu'à celles qui ont *directement* pour objet les intérêts de la société : il en est de négligées ; beaucoup sont ignorées ; quelques-unes sont conservées pour être remises en vigueur quand il convient ; on en laisse tomber d'autres en désuétude, sans qu'il soit même nécessaire de les abroger. — Il n'y a guère d'Anglais qui, presque tous les jours de sa vie, ne viole impunément quelque loi expresse... Maisons de jeux, prédications dans des endroits prohibés, rassemblements, divertissements nocturnes, exhibitions publiques, cent autres choses sont défendues et attirent la foule. Ces prohibitions sont utiles : cependant il est sage de la part des magistrats, il est heureux pour le peuple qu'elles ne soient pas mises en vigueur ; seuls les gens véreux ou mercenaires les appliquent. La loi, dans ce cas, tels des parents indulgents, a toujours les verges à la main, mais l'enfant ne reçoit que de rares corrections. Si les délits qu'on pardonne devenaient des énormités, s'ils devaient probablement faire obstacle au bonheur de la société ou être un danger pour l'État, la justice reprendrait ses terreurs et punirait les fautes que son indulgence a si souvent tolérées. C'est à cette ductilité des lois que l'Anglais doit la liberté dont il jouit dans une plus large mesure que d'autres vivant sous un gouvernement plus populaire : aussi chaque pas que fait la constitution vers une forme démocratique, chaque diminution de l'autorité légale est, en fait, une diminution de la liberté du sujet; toute tentative pour rendre le gouvernement plus populaire non seulement porte atteinte à la liberté naturelle, mais finira même par dissoudre la constitution politique... La constitution anglaise possède à présent la force du chêne anglais et la flexibilité du souple tamaris; mais si le peuple, à un moment donné, par un zèle mal entendu, soupirait après une liberté chimérique et s'imaginait qu'en limitant la monarchie il augmenterait ses privilèges, il se tromperait gravement : chaque joyau arraché à la couronne serait employé comme appât pour la corruption; il pourrait enrichir les quelques hommes qui se le partageraient, mais en fait appauvrirait la nation[1]... »

Ainsi donc, à entendre notre auteur, la liberté consisterait principalement dans la faculté, accordée par tolérance aux sujets, de violer la loi toutes les fois qu'il n'en doit pas résulter un dommage sérieux pour l'intérêt public ou particulier. Cette formule paraît d'abord assez étrange. Goldsmith, voulant surtout défendre le pouvoir royal contre ce qu'il considérait comme les empiétements du parti populaire, aurait pu trouver de meilleurs arguments dans la théorie de la balance des pouvoirs, émise par Montesquieu quelques années auparavant et que le génevois Delolme allait bientôt naturaliser en Angleterre[2]. La tolérance du

---

1. *Le Citoyen du Monde*, lettre L.

2. On sait que la théorie de Montesquieu et de Delolme a été remplacée par celle de W. Bagehot, proclamant la prépondérance, presque l'omnipotence de la Chambre des Communes; on sait moins que de nos

pouvoir est pour la liberté une garantie bien faible ; les gouvernants sont des hommes comme les gouvernés ; ils ont leurs faiblesses, leurs passions, leurs préjugés, et l'exercice même de l'autorité a souvent sur le caractère une influence fâcheuse. Ils seront trop souvent portés à permettre à leurs partisans et courtisans ce qu'ils interdisent rigoureusement à leurs adversaires ou simplement aux hommes indépendants. Il y a pourtant quelques observations à retenir dans le passage cité plus haut : telle la distinction à faire entre les monarchies et les républiques en ce qui concerne les conséquences de l'inexécution des lois ; telle aussi cette vérité, trop souvent oubliée dans les « Manuels d'instruction civique », que la loi peut être tyrannique, aussi tyrannique que l'arbitraire de l'homme. Au fond, la pensée de Goldsmith, quelque peu confuse au moins dans l'expression, paraît très analogue à celle de Bonald quand il écrivait : « La constitution d'un Etat en est le tempérament, et l'administration en est le régime. Cette vérité est consignée dans notre langue, qui, en parlant de l'homme, dit indifféremment tempérament ou constitution. L'homme dont le tempérament est fort peut impunément se permettre des écarts de régime et même des excès. Si le tempérament est faible le régime doit être sévère. Ainsi, dans quelques Etats, les fautes de l'administration étaient sans danger ; dans quelques autres elles seraient sans remède[1]. »

Goldsmith constate la popularité du mot de *liberté* chez ses compatriotes : cette popularité est une des premières choses qui frappent le philosophe chinois, citoyen du

---

jours cette dernière ne répond plus à la réalité des faits. Le corps électoral impose à ses représentants un mandat quasi-impératif ; c'est de lui surtout que le Ministère tire sa force, force assez grande pour qu'il domine la Chambre des communes au lieu de lui obéir.

1. *Œuvres*, éd. de 1858, p. 318.

monde, dès qu'il met le pied en Angleterre. Passant près d'une prison il entend un dialogue entre un débiteur incarcéré, parlant à travers la porte grillée, un soldat et un portefaix. — C'était pendant la guerre de Sept ans, et on craignait une invasion française. — « Pour ma part, s'écrie le prisonnier, ma plus grande crainte est pour la liberté ; si les Français étaient vainqueurs, qu'adviendrait-il de la liberté anglaise ? Mes chers amis, la liberté est la prérogative de l'Anglais. Nous devons la conserver même aux dépens de notre vie ; jamais les Français ne nous en priveront ; on ne peut s'attendre à ce que des hommes eux-mêmes esclaves respectent notre liberté s'ils viennent à être vainqueurs. » « Oui, ce sont des esclaves, s'écrie le portefaix, tous des esclaves, bons seulement à porter des fardeaux... » Le dialogue se poursuit, et le soldat à son tour proteste, en jurant horriblement, de son attachement à la religion de l'Angleterre que les Français ne menacent pas moins que la liberté [1].

Tout le monde à Londres, remarque le mandarin voyageur, fait de la politique ; le beau sexe s'en mêle. Les journaux satisfont cette passion universelle ; mais tandis qu'en

---

1. Remarquons que les interlocuteurs emploient indifféremment au courant du dialogue les mots *liberty* et *freedom,* et ne distinguent pas entre la liberté individuelle et l'indépendance nationale. — « Il faut voir dans ce passage une satire non de la liberté, mais bien de l'incohérence, de l'ironie, qui existe dans les actions d'hommes prêts à sacrifier leur vie pour le son d'un mot dont ils ne comprennent pas la signification réelle. Un prisonnier discourant sur la liberté avec un portefaix qui vient de déposer son fardeau, un soldat jurant, avec de gros blasphèmes, de mourir pour sa religion, voilà des personnages que l'*humour* peut satiriser sans avilir la liberté et la religion. En reconnaissant que de la même source peuvent sortir la sottise et la vertu, la satire de Goldsmith, tout en ne tenant compte que de l'élément comique, ne descend jamais au niveau du burlesque pur. » (W. A. Brockington, *The Citizen of the World, Select Letters,* p. 169.)

Chine l'empereur essaie, par la voie de la presse, d'instruire
son peuple, en Angleterre c'est le peuple qui fait la leçon
à l'administration. « Il ne faut pas vous imaginer cependant que ceux qui rédigent ces journaux aient quelque connaissance positive concernant la politique ou le gouvernement d'un Etat ; ils empruntent leurs matériaux à l'oracle
d'un café, lequel oracle les a reçus lui-même le soir précédent, à une table de jeu, d'un petit-maître ; celui-ci doit
ses renseignements au portier d'un grand personnage,
lequel les tient du valet dudit grand personnage, qui a tout
inventé la veille pour son propre amusement [1]. »

Goldsmith aime à revenir sur le goût de ses compatriotes pour la politique et les journaux. Il montre l'amateur
de nouvelles en quête depuis le matin jusqu'au soir dans
les cafés et les restaurants, rentrant chez lui tout heureux
après une abondante moisson, découvrant le lendemain
matin qu'il n'a colligé que des mensonges et des absurdi-
tés, recommençant néanmoins sa chasse sans jamais se dé-
courager. Par la plume du même mandarin il nous donne
des spécimens de correspondances publiées dans les feuilles
quotidiennes et révélant à chaque page « la superstition et
la fausse délicatesse de l'Italie, le formalisme de l'Espagne,
la cruauté portugaise, les craintes de l'Autriche, la confiance de la Prusse, la légèreté française, l'avidité hollandaise, l'orgueil anglais, l'absurdité irlandaise, la partialité

---

1. *Le Citoyen du Monde*, lettre IV. « On ne reconnaîtrait plus aujour-
d'hui dans ce tableau, peut-être ressemblant il y a un siècle, la physionomie actuelle de la presse anglaise, ce grand pouvoir en dehors de
l'Etat. Les journaux anglais sont non-seulement très bien renseignés,
mais ils sont encore les échos fidèles de l'opinion publique. » Ainsi s'ex-
primait Alph. Esquiros dans sa traduction du *Voyage d'un Chinois en
Angleterre*, p. 23, n. 1. Il y a aujourd'hui d'autres pays où un trop
grand nombre de journalistes ne dépassent guère le niveau indiqué par
Goldsmith.

nationale de l'Ecosse [1] ». Je regrette de ne pouvoir reproduire ici ces amusantes caricatures.

IV. — Revenons à la multiplicité des lois, un des sujets favoris de l'écrivain anglo-irlandais. Leur but apparent est de protéger la propriété, leur résultat réel d'enrichir les gens de lois. Ce thème est développé dans la lettre XCVIII du *Citoyen du Monde*, où est raillée également l'habitude qu'ont les tribunaux anglais de se décider d'après les précédents. Le Chinois conte qu'un jour il avait l'intention d'aller visiter l'asile d'aliénés de Bedlam ; un ami est venu le chercher et l'a entraîné aux cours de justice de Westminster Hall. « Comment, s'écrie le sage en apprenant que son compagnon est partie dans un procès, comment est-il possible qu'un homme qui a l'expérience du monde plaide jamais ? Je connais les tribunaux chinois ; ils ressemblent tous à des pièges à rats ; rien n'est plus aisé que d'entrer, mais en sortir est plus difficile ; il faut pour ça plus de finesse que les rats n'en ont d'ordinaire. » Le plaideur expose qu'on lui a garanti le succès. « Pour quelles raisons ? » interroge l'Oriental. « Parce que, répond son ami, j'ai pour moi Salkeld et Ventris. » — « Ce sont sans doute deux de vos juges qui se sont déjà déclarés en votre faveur ? » — « Pardonnez-moi, ce sont deux jurisconsultes qui, il y a quelques centaines d'années, ont donné leur avis sur des cas analogues au mien ; mon avocat citera les opinions qui me sont favorables, celui de mon adversaire celles qui militent pour lui. J'ai Salkeld et Ventris pour moi, il a de son côté Coke et Hales ; la partie qui peut produire le plus grand nombre d'autorités est celle qui a le plus de chances de triom-

<hr>

1. *Le Citoyen du Monde*, lettre V.

pher. » — « Mais quelle nécessité y a-t-il de prolonger un procès en citant les grimoires et les jugements des autres puisque le même bon sens qui a guidé les jurisconsultes des siècles passés peut guider vos magistrats d'aujourd'hui ? C'est la lumière de la raison qui a dicté jadis aux premiers leurs sentences ; les seconds ont à présent la même lumière pour les diriger ; ils en ont même une plus brillante, car autrefois bien des préjugés existaient dont nous sommes heureusement affranchis. Si dans toutes les autres branches de la science on a cessé d'argumenter à coups d'autorité, pourquoi continuerait-on à le faire pour celle-ci? Je vois clairement comment une telle méthode d'investigation doit embarrasser la marche de tous les procès ; les incidents se multiplient, les formalités augmentent ; on consacre plus de temps à l'apprentissage des arts de la procédure qu'à la découverte de la vérité...

« Embarrasser la justice par la multiplicité des lois ou la compromettre par un excès de confiance dans les juges, voilà les deux écueils opposés sur lesquels s'est toujours heurtée la sagesse des législateurs... » Lien Chi Altangi reconnaît la difficulté et n'en indique pas la solution, mais il trouve évidemment que la jurisprudence lie trop le juge anglais. « Ciel ! s'écrie-t-il tout à coup, que d'hommes en noir j'aperçois ici : est-il possible que tous ces gens trouvent à s'occuper ! » — « Rien de plus simple, répond son compagnon. Ils vivent en se surveillant les uns les autres. Le recors surveille le débiteur, l'*attorney* surveille le recors, l'avocat l'*attorney*, le *solicitor* l'avocat ; chacun trouve ainsi à s'occuper. » — « Je comprends, reprend le Chinois, ils se surveillent l'un l'autre, mais c'est le client qui les paie tous... » Notons ici une erreur de Goldsmith ; l'*attorney* était l'avoué des cours de Droit commun, le *solicitor* celui des cours d'Équité, sans qu'il y eût aucune dépendance des

uns à l'égard des autres. On sait qu'aujourd'hui les fonctions sont confondues.

Les plaintes contre les gens de loi sont aussi vieilles que
la procédure : de tout temps la justice a été considérée
comme chose coûteuse. Les procureurs anglais n'ont pas
plus échappé aux traits de la satire populaire que leurs
confrères de ce côté du détroit[1]. Goldsmith les ménage
peu. « Le prêteur sur gages, le procureur et les autres
fléaux de la société pourraient par de sages mesures en
devenir des membres utiles... », écrit-il dans *l'Abeille* du
3 novembre 1759. « Quelles économies on pourrait faire
dans l'administration de la justice ! Aujourd'hui elle écrase
les sujets et n'enrichit que quelques membres de la société
qui ne sont utiles que parce qu'elle est corrompue... »

L'avocat a meilleure réputation que le procureur, avec
lequel il est de tradition — en Angleterre — qu'il ne fraye
en aucune circonstance. Mais il est bavard et politicaille
volontiers. C'est sans doute un avocat que le légiste Squint
dont il est question dans *Le Citoyen du monde*[2], lequel
« fait des discours au Parlement, publie des manifestes à
ses concitoyens, des lettres aux généraux, raconte l'intrigue de toutes les nouvelles pièces et sait trouver en toute
circonstance des maximes appropriées ». De même que
certains philosophes anciens et certains démocrates moder-

---

1. « Il y existe (à Rochester) un établissement destiné à six pauvres
voyageurs, auxquels on fournit à souper, à coucher et à déjeuner le
lendemain matin, plus quatre pence pour se remettre en route ; mais
cette hospitalité ne se prolonge pas au-delà de vingt-quatre heures. Tout
le monde est admis dans ce lieu, *excepté les fripons et les procureurs*,
ainsi que l'indique une inscription assez singulière qu'on lit au-dessus
de la porte. » J. Maccarthy, *Choix de voyages*, 1823, t. XII, p. 19. —
Là au moins les procureurs étaient considérés comme formant une
classe distincte de celle des fripons. L'opinion publique n'a pas toujours
fait cette distinction.

2. Lettre XXIX.

nes se sont enorgueillis de leur barbe comme de la mani-
festation la plus certaine de leur sagesse ou de leurs vertus
républicaines, ainsi le magistrat et l'avocat anglais doivent
à leur perruque une grande partie de leur prestige ; c'est
au moins ce que prétend Goldsmith [1]. Respectueux de la
tradition, surtout en ce qui concerne les formes, les Anglais
du vingtième siècle n'ont pas encore renoncé à ce signe
extérieur de la science juridique.

Des officiers inférieurs de justice, notre auteur parle peu.
Quand l'excellent Dr Primrose, le ministre de Wakefield,
est arrêté pour dettes, et que sa famille l'accompagne jusqu'à la prison, un des recors prête son cheval à Miss Olivia affaiblie par une fièvre lente : « Même ces hommes-là,
écrit-il, ne peuvent dépouiller entièrement tout sentiment
d'humanité [2]. » Ce « même » en dit assez long [3]. Un peu
plus loin, les paroissiens du ministre veulent l'arracher des
mains de ses gardiens et faire à ceux-ci un mauvais parti :
il faut que le pasteur intervienne et rappelle ses ouailles au
respect de la loi.

Il était avec les serviteurs de Thémis maints accommode-
ments, à titre onéreux, cela va sans dire : au chapitre III
du *Ministre de Wakefield* nous faisons connaissance avec
M. Burchell, qui n'est autre que Sir William Thornhill
déguisé ; il a donné la veille trois guinées au bedeau de la
paroisse pour épargner un vieux soldat invalide condamné
au fouet pour avoir volé un chien.

Dans la comédie *L'homme d'un bon naturel* figure un

1. *Le Citoyen du Monde*, lettre III.

2. *Le Ministre de Wakefield*, ch. xxv.

3. « Les plus grands criminels de cette ville, écrivait Walpole à
Mann, en 1742, sont les officiers de justice ; il n'y a pas de tyrannie
qu'ils n'exercent, point d'infamie à laquelle ils ne participent. » Cité par
Bayard Tuckerman, *History of English Prose Fiction*, p. 166.

sergent. Celui-ci fait parade des connaissances qu'il croit avoir en droit, massacre l'anglais en général et en particulier l'anglais juridique, vante son humanité et sa probité, mais ne dédaigne pas de recevoir de petits cadeaux de ceux qu'il est chargé d'arrêter. Flanigan, son sous-ordre, le suit et lui ressemble. Ces deux dignes gentlemen se distinguent par leur horreur des Français ; quand Goldsmith veut peindre un personnage grotesque, il en fait volontiers un chauvin.

Nous ne pouvons dénier à Goldsmith une compétence particulière quand il s'agit de recors. Les temps étaient durs pour les hommes de lettres : l'époque des généreux Mécènes était passée ; le public des lecteurs était encore restreint ; la plupart des écrivains végétaient à la discrétion des éditeurs. Goldsmith resta toujours un bohême, prodigue à la fois par insouciance et par charité. Dans les dernières années de sa vie, il était universellement connu et apprécié : ses ouvrages lui rapportaient beaucoup plus que jadis ; à sa mort il devait pourtant, dit-on, une cinquantaine de mille francs, davantage peut-être. Longtemps auparavant, dans une lettre adressée à un ami d'Irlande, le 27 décembre 1757, il écrivait, non sans quelque exagération d'ailleurs : « Il n'est guère aujourd'hui de royaume en Europe où je n'aie des dettes. J'ai déjà satisfait les créanciers les plus pressants, car nous devons être justes avant d'être reconnaissants. » Comme le Chicaneau des *Plaideurs*, il vivait dans la crainte de Dieu et des sergents. Contre ceux-ci il avait le droit de nourrir quelque ressentiment. Un jour, un *bailiff*, chargé d'un *writ* contre lui pour une petite dette, lui donna rendez-vous par lettre, se disant l'intendant d'un grand seigneur charmé par la lecture de son dernier ouvrage et désirant se le faire présenter. L'auteur, sans défiance, tomba dans le piège ; le *bailiff* l'appréhenda ; heureusement un ami obligeant et plus fortuné paya immédiatement la somme due et lui rendit ainsi la liberté [1] !

V. — Dès sa jeunesse d'ailleurs, par suite d'un malencontreux accident, il avait fait connaissance avec la prison. Il s'était embarqué à Edimbourg pour Bordeaux, avec six autres passagers. Une tempête força le navire à relâcher à Newcastle-upon-Tyne. Goldsmith et ses compagnons descendirent à terre, et, comme ils s'amusaient bruyamment dans quelque taverne, un sous-officier et douze grenadiers, baïonnette au canon, entrèrent tout à coup et les arrêtèrent au nom du roi. Les Ecossais pris avec lui étaient, paraît-il, au service de la France, ils étaient venus en Ecosse enrôler des volontaires pour l'armée française. Ce n'est qu'avec difficulté que Goldsmith prouva son innocence ; il resta une quinzaine de jours en prison.

Franchissons, à notre tour, le seuil d'une geôle. L'état des maisons de détention est, au dix-huitième siècle, un des thèmes favoris des romanciers anglais ; les tableaux qu'ils nous présentent, tout repoussants qu'ils soient, ne sont pourtant pas trop chargés, si nous en croyons les historiens [2]. Pour nous, le Dr Primrose sera notre guide. La prison où on l'enferme, ancien magasin militaire, consiste

1. Goldsmith a tiré bon parti de ce souvenir désagréable dans *Le Citoyen du monde*, lettre XXX. Il n'y a pas bien longtemps encore qu'il existait en Angleterre, et surtout en Irlande, une catégorie d'hommes connus sous le nom de « Sunday men », *hommes du dimanche*, ainsi appelés parce qu'ils ne sortaient que ce jour-là. Il était, en effet, défendu d'arrêter un débiteur le dimanche.

2. Voy. dans la *Bibliothèque universelle* de mai 1882 un article de mon regretté collègue Edouard Sayous, *Les prisonniers anglais au dix-huitième siècle*, consacré principalement à l'œuvre du philanthrope John Howard. Voy. surtout Lecky, *History of England in the Eighteenth Century*, t. I, p. 500 ; t. VI, p. 255.

en une salle commune dallée, fortement grillée, où les criminels de droit commun et les débiteurs insolvables se trouvent confondus une partie du jour[1] ; la nuit, chacun est enfermé dans sa cellule séparée. On n'octroie aux détenus que de la paille pour tout ameublement, mais ils peuvent se faire apporter des couvertures, même une couchette. Pas de travail forcé. « Je m'attendais, à mon entrée, dit le pasteur, à n'entendre que des lamentations, des gémissements de misère, mais il en était tout autrement. Les prisonniers ne paraissaient tous occupés qu'à une seule chose, noyer la pensée dans les amusements ou le bruit. J'appris la taxe habituellement prélevée sur les nouveaux venus, et je m'acquittai sur-le-champ, quoique le peu d'argent que j'avais fût bien près d'être épuisé. On fit immédiatement chercher des liqueurs fortes, et toute la prison retentit bientôt de l'orgie, des rires et des jurons[2]. » La famille du détenu vient d'ailleurs le voir librement pendant le jour, et le geôlier permet même à ses jeunes fils de passer la nuit auprès de lui.

Tous ceux qui ont lu la touchante histoire du bon docteur ont certainement retenu les pages où il rapporte ses efforts pour faire pénétrer dans cette demeure du crime, de la débauche et de la misère quelques rayons d'Évangile. Le sermon du chapitre XXIX approche du sublime dans sa simplicité ; Goldsmith écrivait réellement « comme un ange[3] ». Je ne puis commenter ici ces quelques pages. Les

---

1. Une loi datant du règne de Charles II avait enjoint de séparer ces deux classes de détenus ; elle était restée lettre morte (Lecky, *ouvrage cité*, t. VI, p. 259). Parfois les fous étaient, eux aussi, enfermés dans les prisons (*Ibid.*, p. 257).

2. *Le Ministre de Wakefield*, chapitre XXV. Une loi du temps de George II interdisait d'introduire dans les prisons des boissons spiritueuses ; elle n'était pas observée (Lecky, *ouvrage cité*, t. VI, p. 259).

3. « (He) wrote like an angel, and talk'd like poor Poll », tel est le

idées de l'écrivain sur le droit pénal me retiendront plus longtemps.

VI. — Il s'inspire de Montesquieu et de Beccaria. « Il serait fort à souhaiter que le pouvoir législatif dirigeât les lois plutôt vers la réforme des criminels que dans le sens de la sévérité, qu'il parût convaincu qu'on déracine les crimes non en familiarisant le peuple avec les châtiments, mais en rendant ceux-ci formidables. Alors, au lieu de nos prisons actuelles, qui reçoivent ou qui font les hommes criminels, qui s'emparent d'un malheureux prévenu d'un crime et le rendent à la société, si elles le rendent vivant, capable d'en commettre mille autres, nous verrions, comme dans d'autres parties de l'Europe, des lieux de pénitence et de solitude où les accusés auraient auprès d'eux des gens qui leur inspireraient le repentir, s'ils étaient coupables, ou de nouveaux motifs de rester vertueux s'ils étaient innocents. C'est ainsi, et non en multipliant les peines, qu'on réforme un État... J'ignore si c'est le nombre de nos lois pénales ou la licence de notre peuple qui fait que ce pays montre plus de condamnés en un an que la moitié des Etats de l'Europe entière ; peut-être est-ce dû à ces deux causes, car l'une produit l'autre. Quand des lois pénales faites sans discernement appliquent la même punition à des degrés différents de criminalité, le peuple, ne voyant pas de distinction dans les peines, en arrive à perdre tout sentiment de différence dans les crimes, et cette distinction est le rempart de toute moralité ; ainsi la multitude des lois produit

jugement que portait sur lui Garrick. — D'après Philarète Chasles, *L'Angleterre au dix-huitième siècle*, t. II, pp. 115 et suiv., Goldsmith a représenté, sous les traits du ministre de Wakefield, Alexander Cruden, qui, à cette époque, se consacra au soulagement et à l'instruction des prisonniers de Newgate.

de nouveaux vices, et de nouveaux vices appellent de nouveaux châtiments. »

La peine de mort était alors prodiguée en Angleterre autant et plus qu'en France. Blackstone cite cent soixante cas où elle était édictée [1]. Goldsmith s'élève contre cette législation draconienne. « Je ne puis m'empêcher de mettre en question la validité du droit que se sont arrogé les sociétés humaines de punir de la peine capitale de légers délits. En cas de meurtre, le droit est évident ; c'est le devoir de nous tous, en vertu du droit de légitime défense, de retrancher l'homme qui n'a pas respecté la vie d'autrui. Toute la nature s'arme contre le meurtrier. Mais il n'en est pas ainsi contre celui qui dérobe mon bien. » L'auteur invoque à l'appui de son opinion, très raisonnable d'ailleurs si elle est discutable, les notions, un peu vagues, de droit naturel et de contrat social ; il allègue même, comme on le faisait volontiers à son époque, l'exemple des sauvages. Je dois abréger et me borner à reproduire la conclusion de ses développements : « Il serait donc à désirer qu'au lieu d'édicter de nouvelles lois pour punir le vice, au lieu de tendre les liens de la société jusqu'à ce qu'un effort con-

---

1. « Le législateur avait essayé de protéger la propriété en punissant de mort l'homme coupable de voler une somme d'argent qui, de son temps, était considérable ; on conserva la même pénalité quand le changement survenu dans la valeur de l'argent eut rendu cette somme insignifiante. De cette manière, ainsi que s'en plaignait, en termes énergiques, un vieux jurisconsulte, « tandis que tout était devenu plus cher, « seule la vie de l'homme n'avait cessé de baisser de prix » (Lecky, *ouvrage cité*, t. VI, p. 246). — Dans *Le Ministre de Wakefield*, chapitre xv, Mr. Burchell dit au Docteur et à Mrs. Primrose qui ont lu une lettre de lui trouvée dans un portefeuille par lui égaré : « Comment avez-vous été assez vils pour oser ouvrir cette lettre ? Ne savez-vous pas que pour ce fait je pourrais vous faire pendre tous ? Tout ce que j'aurais à faire serait d'aller jurer, chez le juge le plus voisin, que vous êtes coupables d'avoir forcé la serrure de mon portefeuille, et vous seriez pendus à cette porte. »

vulsif les rompe, au lieu de trancher comme inutile la vie
de misérables dont on n'a pas essayé de tirer parti, au
lieu de substituer la vengeance à la correction, il serait à
désirer, dis-je, que le gouvernement essayât de prévenir
les crimes et fît de la loi le protecteur, non le tyran du
peuple. Nous verrions alors que des créatures dont l'âme
est traitée comme une scorie n'attendaient que la main du
purificateur; nous verrions que des êtres, aujourd'hui ré-
servés à de longues tortures de peur que les hommes habitués au luxe ne souffrent un moment d'angoisse, pourraient, s'ils étaient convenablement traités, devenir les nerfs
de l'État au moment du danger; que, si leurs visages ressemblent aux nôtres, il en est de même de leurs cœurs;
que peu d'âmes sont assez basses pour que la persévé-
rance ne puisse les corriger; qu'un homme peut voir son
dernier crime sans souffrir la mort pour l'avoir commis,
et que très peu de sang suffirait à cimenter notre sécurité [1]. »

Ces idées, auxquelles nous sommes maintenant habitués,
étaient alors neuves et hardies : le *Traité des délits et des
peines* n'est antérieur que d'une couple d'années au *Ministre de Wakefield*.

Dans *Le Citoyen du Monde*, le tableau était moins som-
bre : « Un souffle de miséricorde respire dans les lois anglaises ; celles-ci ne paraissent qu'à regret punir le criminel
ou fournir aux officiers de justice les moyens d'agir avec
sévérité. Ceux qui arrêtent les débiteurs ne peuvent se servir d'armes ; le guet ne réprime les écarts des ivrognes
qu'à l'aide de bâtons. La justice, en pareil cas, semble
cacher ses terreurs et laisse quelques délinquants impunis
plutôt que d'infliger des châtiments sans proportion avec

1. *Le Ministre de Wakefield*, chapitre xxvii.

la faute. — C'est l'honneur des Anglais non seulement d'être gouvernés par des lois, mais encore de voir celles-ci tempérées par la miséricorde ; un pays gouverné par des lois sévères gémit sous la plus terrible des tyrannies ; un tyran royal est généralement redoutable aux grands, mais des lois pénales nombreuses écrasent le peuple à tous les degrés, et principalement ceux qui sont les moins capables de résister à l'oppression, les pauvres. » La lettre LXXX est tout entière à lire ; à noter le passage sur les magistrats jugeant en criminel : « On dit de l'hyène qu'elle n'est pas naturellement gloutonne, mais qu'une fois qu'elle a goûté la chair humaine elle devient l'animal le plus vorace de la forêt et elle ne cesse plus de poursuivre les hommes. Un magistrat corrompu peut être considéré comme une hyène humaine ; il commence peut-être par une bouchée prise en particulier, il continue par un morceau entre amis, il en vient à un repas en public, puis il se gorge, et enfin il suce le sang comme un vampire. » Il est vrai que l'auteur parle de magistrats payés d'après le nombre des criminels qu'ils jugent ! Somme toute, ce morceau laisse une impression confuse. Goldsmith ne me paraît pas distinguer assez nette-ment entre la procédure criminelle anglaise, respectueuse des droits de l'accusé, et le droit pénal, alors cruel et ini-que. Il ne mentionne même pas l'institution du jury. Que veut-il dire au juste en demandant que ceux auxquels on confie l'administration de la justice sachent récompenser aussi bien que punir [1] ? Les pages du *Ministre de Wake-field* sont généralement plus nerveuses et plus précises pour les questions qu'elles traitent. De 1762 à 1766 Goldsmith avait pu réfléchir et il avait pu lire Beccaria.

---

1. Le chapitre xxvi du *Ministre* porte pour titre : « Une réforme de la prison. Pour être complètes, *les lois* devraient récompenser aussi bien que punir. » L'auteur ne s'y explique pas davantage sur ce point.

VII. — Sur la question spéciale du duel, alors fréquent
en Angleterre, notre écrivain ne paraît pas avoir d'idée
bien arrêtée; son livre reflète sans doute les hésitations de
l'opinion publique[1]. Celles-ci ont depuis longtemps cessé;
le duel est condamné chez les Anglo-Saxons des deux côtés
de l'Atlantique comme chose non moins grotesque que
criminelle. Le droit, dont il est la négation, le punit, et le
bon sens public le réprouve également.

L'épisode de la provocation adressée par George Primrose au squire Thornhill nous montre aussi les pouvoirs
presque discrétionnaires du seigneur terrien, investi des
fonctions de juge de paix. Après avoir reconnu la légiti-
mité des griefs du frère d'Olivia, sir William s'adresse au
geôlier : « A ma requête, mettez en liberté ce jeune officier,
maintenant votre prisonnier; vous pouvez vous en rappor-
ter à moi pour les conséquences; je me charge de montrer
la chose sous son véritable jour à mon ami le magistrat qui
l'a fait arrêter[2]. » Sir William est dans le roman le *deus
ex machina* qui récompense les bons et fait trembler les
méchants; mais tous les *magistrates* n'étaient pas comme
lui. Goldsmith était jusqu'à un certain point justifié en parlant de lois faites pour les riches et les puissants au détri-
ment des humbles. Quelques années plus tard, un publiciste radical, William Godwin, allait représenter sous les
traits de Falkland et de Tyrrel deux types très différents
l'un de l'autre, mais également dangereux, de gentilshom-
mes terriens[3].

1. Voy. *Le Ministre de Wakefield*, ch. xx, xxviii, xxx, xxxi.
Cpr. Lecky, *ouv. cité*, t. VI, pp. 266 et suiv. Le Dr Johnson, lui aussi, a
émis à ce sujet des opinions contradictoires.

2. Chap. xxxi.

3. Dans *Caleb Williams* (1794). Voy. l'étude que j'ai publiée sur ce
roman dans la *Revue de l'enseignement des langues vivantes*, juin et
juillet 1908.

VIII. — Sur l'état des personnes, *Le Ministre de Wakefield* nous fournit un renseignement intéressant. George Primrose se trouve à Londres sans ressources : « Je me regardais, dit-il, comme un de ces objets sans valeur que la nature a faits par être mis au rebut et pourrir dans l'obscurité. J'avais encore pourtant une demi-guinée en poche ; quant à celle-là, je pensais bien que la fortune elle-même ne m'en priverait pas ; mais afin d'en être sûr je résolus d'aller immédiatement la dépenser et de m'abandonner aux circonstances pour le reste. Pendant que j'allais mettre ce dessein à exécution, il se trouva que le bureau de M. Crispe sembla m'inviter à entrer en me promettant une cordiale réception. Dans ce bureau M. Crispe offre gracieusement à tous les sujets de Sa Majesté trente livres par an, promesse en retour de laquelle ils renoncent à leur liberté pour la vie et l'autorisent à les transporter en Amérique comme esclaves. Je fus heureux de trouver un endroit où je pusse noyer mes craintes dans le désespoir et j'entrai dans cette cellule — car le bureau en paraissait une — comme un moine qui va prononcer ses vœux. Là je trouvai un certain nombre de pauvres êtres dans la même situation que moi, attendant l'arrivée de M. Crispe et présentant un tableau sommaire de l'impatience anglaise. Toutes ces mauvaises têtes, brouillées avec la fortune, se vengeaient de ses outrages sur elles-mêmes. Enfin, M. Crispe descendit, et tous nos murmures cessèrent. Il daigna jeter sur moi un regard particulièrement approbateur ; c'était en vérité la première personne qui depuis un mois me parlât en souriant. Après m'avoir posé quelques questions, il vit que j'étais propre à n'importe quoi au monde. Il réfléchit un instant sur le meilleur moyen de me pourvoir d'un emploi, puis, se frappant le front comme s'il l'avait trouvé, il m'assura qu'il était question en ce moment d'une ambassade du synode de Pensylvanie aux Indiens Chickasaws ; il userait de son influence pour m'en faire nommer secrétaire. Je savais bien, au fond, que cet individu mentait, et pourtant sa promesse me fit plaisir : il y avait là quelque chose qui sonnait si bien ! Je partageai donc bel et bien ma demi-guinée : la moitié alla s'ajouter aux trente mille livres du personnage, et avec l'autre je décidai d'aller à la taverne la plus proche pour y être plus heureux que lui. — Comme je sortais pour accomplir mon projet, je rencontrai à la porte un capitaine de navire dont j'avais fait autrefois la connaissance, et il consentit à s'attabler avec moi devant un bol de punch. Je n'ai jamais voulu cacher ma situation. Mon compagnon m'assura que j'étais sur le point de me perdre à jamais si j'écoutais les promesses du maître du bureau ; son intention était de me vendre aux plantations... » Je n'ai pas à raconter ce que fit alors George Primrose. Constatons seulement que le roman est ici la reproduction fidèle de la réalité. Dans le cours du dix-huitième siècle beaucoup de pauvres diables furent la proie d'agents sans scrupules qui, sous de fallacieux prétextes, les embarquaient pour les climats les plus pestilentiels et les vendaient aux planteurs. C'étaient surtout les protestants irlandais qui étaient victimes de ces trafiquants de chair humaine [1].

---

1. Lecky, t. VI, p. 261. — On sait que la servitude dans les colonies était aussi infligée comme châtiment. Le fameux Jeffreys, en 1685, avait, nous dit Macaulay, fait transporter huit cent quarante et un prisonniers. « Ces hommes, plus malheureux que ceux de leurs compagnons qui avaient subi la mort, furent divisés par bandes et concédés à des personnes favorisées par la cour. Les conditions de cette concession furent que les condamnés seraient transportés au-delà des mers comme esclaves ; qu'ils ne pourraient pas être affranchis avant dix ans, et que le lieu de leur exil serait une des îles des Indes occidentales... » *Histoire d'Angleterre*, ch. v.

Les lois anglaises étaient peu favorables aux acteurs et aux musiciens; un statut du temps de la reine Anne les assimilait aux vagabonds[1].

Le citoyen du monde proteste, en termes qui n'ont dû plaire qu'à moitié aux intéressés : « Les comédiens, les mangeurs de feu, les cantatrices, les chiens savants, les bêtes sauvages, les danseurs de corde, comme leurs efforts sont consacrés à notre amusement, ne doivent pas être l'objet d'un dédain complet. Les lois de tous les pays devraient leur permettre au moins de faire impunément leurs tours. Il ne faudrait pas leur infliger l'ignominieuse appellation de vagabonds; ils méritent dans la société un rang au moins égal à celui des barbiers et des entrepreneurs de pompes funèbres; si même mon influence pouvait aller jusque-là, il serait permis de gagner quarante ou cinquante livres par an à ceux qui excelleraient dans leur profession. Je sais que vous me taxerez de prodigalité, habitué comme vous l'êtes aux étroits préjugés de la frugalité orientale. Vous direz assurément qu'un tel salaire est trop élevé pour des occupations inutiles. Combien plus grande sera votre surprise quand vous apprendrez que, tout vagabonds qu'ils soient aux yeux de la loi, beaucoup d'amuseurs publics gagnent plus de mille livres par an! Vous êtes stupéfait, et il y a de quoi l'être. Un vagabond qui reçoit plus de mille livres par an est, en vérité, une curiosité dans la nature, une merveille qui surpasse le poisson volant, le crabe pétrifié ou le homard voyageur. Pourtant, étant donnée la grande affection que j'ai pour leur profession, je voudrais que l'on retranchât à ces personnages une partie de leur ignominie et une partie de leur luxe; la

---

1. Lecky, t. VI, p. 157. — Il est vrai que le « Licensing Act » de 1737 réservait cette note d'infamie à ceux qui jouaient sans une patente du roi ou une licence du lord chambellan.

loi bienveillante devrait les prendre sous son aile protec-
trice, en former une corporation, comme celle des barbiers, diminuer leur infamie et leurs pensions. Pour
tout le reste, je le laisserais à l'entière discrétion du public, le meilleur juge assurément en pareille matière — qu'il
les méprise ou non[1]. »

IX. — Tout bohême qu'il était, Goldsmith avait une
haute idée de la famille, de la sainteté du foyer domes-
tique ; mais l'écrivain satirique ne peut résister au plaisir
de dévoiler, en les exagérant peut-être, les vices et les
travers qu'il voit autour de lui. « Les lois et la religion des
Anglais, écrit le sage Chinois, ne leur permettent qu'une
seule femme ; j'en ai conclu que les femmes légères étaient
bannies de la société. Je me trompais ; tout homme ici a
autant de femmes qu'il peut en entretenir ; les lois sont
cimentées avec du sang, louées et méprisées. Les Chinois
eux-mêmes, à qui leur religion permet deux femmes, ne se
permettent pas sous ce rapport la moitié des libertés que
prennent les Anglais. On peut comparer les lois de ceux-ci
aux livres des Sibylles ; on les tient en grande vénération,
mais on les lit rarement et plus rarement encore on les
comprend ; ceux mêmes qui s'en prétendent les gardiens
discutent sur la signification de beaucoup d'entre elles et
confessent leur ignorance des autres. Aussi la loi qui leur
enjoint de n'avoir qu'une femme n'est-elle strictement
observée que par ceux pour lesquels une est plus que
suffisante ou qui n'ont pas assez d'argent pour en acheter
deux. Les autres la violent publiquement et quelques-uns
se font gloire de leur transgression. Ils semblent penser,
comme les Persans, qu'ils donnent des marques évidentes

1. Lettre LXXXV.

de leur virilité en augmentant leur sérail. Aussi, un mandarin entretient-il généralement ici quatre femmes, un *gentleman* trois, un acteur deux. Quant aux magistrats, aux juges campagnards et aux *squires*, ils s'occupent d'abord à corrompre les jeunes filles, puis à punir la faute [1]... »

Quoique trop souvent le mariage ne soit qu'un des mensonges conventionnels de la civilisation, il faut, d'après Goldsmith, l'encourager par tous les moyens, ce que ne fait pas le législateur. « Les formalités, les délais, les désappointements qui précèdent ici le mariage, écrit le Citoyen du monde, sont d'habitude aussi nombreux que les préliminaires d'un traité de paix. Les lois de ce pays paraissent édictées pour encourager tous les commerces, sauf celui des sexes. Les faveurs qu'elles prodiguent à la culture du chanvre, de la garance et du tabac sont admirables en vérité ! Le mariage est la seule denrée qui n'en reçoive aucune. Et pourtant, à en juger par la douceur printanière de l'air, la verdure des champs, la limpidité des cours d'eau, la beauté des femmes, peu de pays seraient mieux

---

1. *Le Citoyen du Monde*, lettre IX. Dans la lettre XIX, Lien Chi Altangi dit avoir assisé à une querelle entre une femme infidèle et un mari trompé ; il a appris avec étonnement qu'en pareil cas c'était presque toujours le mari qui, en fait, « était puni ». « La dame ira vivre avec ses proches et son époux lui servira une pension alimentaire... Les hommes se moqueront de lui, les femmes le plaindront, et tout ce que ses meilleurs amis pourront dire en sa faveur, c'est que le pauvre brave homme n'a jamais eu de méchanceté... Si on traitait les coupables comme en Chine, la moitié du royaume fouetterait l'autre. » En regard de ces lignes je placerai le passage suivant de J.-L. Ferri de Saint-Constant, *Londres et les Anglais*, t. I, p. 379, qui leur servira de correctif : « Si les Anglaises ne sont pas les épouses les plus tendres et les plus aimantes, elles sont en général sages et fidèles. La corruption atteint rarement les femmes mariées d'une classe aisée. Elles sont sages par tempérament, par principe, par l'habitude de la réserve, par le défaut d'occasion... » Il est vrai que ce passage est postérieur d'un demi-siècle à l'œuvre de Goldsmith.

faits pour inviter à l'amour. Cependant, il semble avoir
abandonné l'île ; quand deux personnes se marient, l'affection réciproque, l'union des âmes sont les dernières
choses que l'on considère. Si leurs biens, meubles et immeubles, peuvent convenablement s'assortir, leurs âmes
sympathiques sont toujours prêtes à souscrire à ce traité.
La pelouse hypothéquée du monsieur s'éprend du bosquet
nubile de la demoiselle ; le mariage est conclu et les deux
époux sont dûment épris l'un de l'autre par acte du Parlement. Ainsi, celles qui ont de la fortune possèdent du
moins quelque chose d'aimable ; mais j'ai réellement pitié
de celles qui n'en ont pas. Il fut, me dit-on, un temps où
les jeunes filles sans autre mérite que la jeunesse, la vertu
et la beauté avaient chance de trouver un mari, au moins
parmi les ministres de l'Eglise ou les officiers de l'armée.
Les rougeurs et l'innocence de seize ans passaient pour
avoir beaucoup d'influence sur ces deux professions. Mais
depuis peu, tout le petit jeu des rougeurs, des œillades, des
sourires, des fossettes a été défendu par une loi sagement
édictée pour ce cas. Toute la cargaison qu'une demoiselle
peut avoir de sourires, de soupirs, de chuchotements, est
déclarée en bloc contrebande jusqu'à ce qu'elle arrive aux
latitudes tropicales de vingt-deux ans où les articles de cette
nature sont trop souvent défraîchis. Elle peut alors sourire et
minauder quand les ris et les fossettes commencent à l'abandonner ; c'est peut-être quand elle est devenue laide qu'on
lui permet charitablement d'employer tous ses charmes.
Cependant ses admirateurs l'ont quittée ; le capitaine a cher-
ché ailleurs un autre objet de sa flamme ; le pasteur lui-même
la laisse déplorer son célibat dans la solitude, et elle meurt
sans même avoir le bénéfice de clergie [1]. » Les femmes vieil-

____

1. Lettre CXIV.

lissaient singulièrement vite au dix-huitième siècle[1] ! Faisons la part de l'exagération et de la plaisanterie dans le propos ci-dessus ; il vient confirmer l'assertion, souvent répétée aujourd'hui, que l'âge du mariage a reculé depuis le dix-huitième siècle. La loi dont parle Goldsmith est connue sous le nom d'Acte de lord Hardwicke (Lord Hardwicke's Marriage Act) : elle était alors toute récente, datant de 1753. Jusqu'à cette époque, le droit canonique était resté en vigueur ; il suffisait pour la validité d'un mariage du consentement des parties ou de la présence d'un prêtre dûment ordonné, en n'importe quel temps ou quel lieu, sans l'autorisation des parents ou tuteurs, sans qu'il fût tenu de registres ou qu'il fallût dresser un acte pour constater le contrat. Des abus nombreux s'étaient produits. De jeunes héritiers ou héritières, à peine sortis de l'enfance, avaient été frauduleusement amenés à contracter des unions regrettables à tous égards ; des personnes vivant ensemble depuis des années comme mari et femme, ayant de nombreux enfants, se voyaient traités comme concubins, leurs enfants étaient considérés comme bâtards, parce qu'on leur avait autrefois extorqué quelque engagement rendant nul un mariage subséquent. Dans les prisons publiques, notamment dans celle de La Flotte, on pouvait trouver des personnages louches, ayant pris les ordres et prêts, moyennant finance, à y célébrer des mariages à toute heure, ou à aller en célébrer dans les tavernes et les maisons mal famées. Le lord chancelier Hardwicke[2] fit passer une loi qui mit fin à un grand nombre des abus existants, exigeant notamment pour les mineurs le consentement de

----

1. En France comme en Angleterre, d'ailleurs. Voyez, par exemple, un article récent du *Journal des Débats*, 11 avril 1908, *Balzac et l'Amour*, et les citations qu'il contient.

2. Philip Yorke, lord Hardwicke (1690-1764).

leurs parents ou tuteurs et organisant une certaine publi-
cité.

Cette loi était encore très imparfaite ; elle portait notamment atteinte à la liberté religieuse des catholiques et des
dissidents en exigeant que les futurs époux se conformas-
sent aux rites de l'Eglise anglicane ; elle n'empêchait pas
non plus les personnes domiciliées en Angleterre d'aller
contracter un mariage écossais à Gretna-Green [1]. Il y avait
pourtant progrès sur quelques points, et c'est ce que
Goldsmith ne voulait pas reconnaître. Il critique la législation nouvelle sur un ton moitié badin, moitié sérieux, par
l'organe du philosophe chinois, en d'autres endroits que
celui plus haut cité : « Il y a des lois qui défendent à un
homme d'épouser une femme sans le consentement de celle-
ci. C'est contraire à nos usages asiatiques et c'est, dans une
certaine mesure, un obstacle au mariage ; néanmoins, je
n'y fais pas grande objection. Il y a une loi qui défend à
une femme de se marier contre le gré de ses père et mère
si elle n'est arrivée à l'âge de maturité, c'est-à-dire à l'âge
où chez nous les femmes n'ont plus guère d'enfants. C'est
là nécessairement un obstacle au mariage, car il est plus
difficile au soupirant de faire sa cour à trois personnes
qu'à une seule, et bien plus difficile de plaire à de vieilles
gens qu'à une jeune personne. Les lois veulent que les
fiancés prennent du temps pour réfléchir : c'est un obstacle
très sérieux parce qu'on aime à accomplir vite les actions
téméraires. Il est décidé que les mariages seront publiés
avant la célébration, obstacle très grave encore, car bien des
gens préfèrent ne pas rendre leur union publique, soit par
fausse honte, soit par des motifs d'intérêt privé... Il y a

1. Cet exposé sommaire est la reproduction abrégée d'un passage de
lord Campbell, *Lives of the Lord Chancellors*, 5ᵉ édit., t. VI, pp. 260
et suiv.

contradiction, poursuit-il, à permettre au magistrat civil d'annuler un mariage quand c'est le prêtre qui est payé pour accorder la licence. Bref, le mariage est devenu chose si difficile et si sérieuse qu'il épouvante la jeunesse et la beauté; c'est la vieillesse, la laideur, la cupidité qui s'unissent ensemble, pour avoir — si elles en ont — des enfants qui leur ressemblent. Au fond, toutes ces dispositions ont pour but de prévenir ce qu'on appelle des mésalliances; il ne faut pas qu'une opulente héritière aille enrichir un fermier ou un valet. Résultat : les riches ne peuvent épouser que des riches, et les pauvres, s'ils veulent se marier, doivent se contenter d'ajouter une femme à leurs autres charges. La nature nous dit que la beauté est proprement destinée à séduire les riches et l'argent les pauvres; mais les choses sont ici arrangées de telle sorte que les riches sont invités au mariage par la fortune, dont ils n'ont pas besoin, et les pauvres n'ont pour les y engager d'autre attrait que la beauté, qu'ils ne sentent point. » Suivent des développements sur les dangers économiques et moraux de l'accumulation des richesses dans un petit nombre de mains, sur les inconvénients physiques d'unions répétées entre familles appartenant à la même caste. La réglementation en pareille matière lui paraît surtout un encouragement au célibat. « Peut-être a-t-on voulu ainsi empêcher l'augmentation de la population; on n'aurait pu prendre de mesures plus efficaces[1]. »

Il est assez malaisé de démêler dans ces boutades ce qui est ironie et ce qui est critique sérieuse. Mais il est certain que Goldsmith n'était pas partisan des réformes. C'est lui qui parle quand le Chinois s'écrie : « Si j'étais Anglais, je crois que je resterais vieux garçon; jamais je n'aurais le courage

____

1. *Le Citoyen du Monde,* l. LXXII.

d'affronter toutes les formalités légales. Je pourrais me résoudre à faire à ma maîtresse une cour raisonnable; mais faire la cour à son père, à sa mère, à une longue suite de cousins, de tantes et de parents, pour être ensuite le point de mire de toute une église de campagne! J'aimerais autant tourner les talons et courtiser sa grand'mère! »

On a accusé, non sans raison, notre Code civil d'avoir embarrassé de préliminaires trop longs, trop coûteux, trop compliqués, les abords du mariage. Ces préliminaires ont pu parfois, loin de consolider la famille légitime, contribuer à la formation d'unions irrégulières; j'en appelle à ceux de mes confrères qui consacrent, avec un si louable dévouement, une bonne partie de leurs loisirs à l'œuvre de Saint-François-Régis. On a bien fait, dans ces derniers temps, de retrancher quelque peu des exigences légales. Mais l'absence de toute garantie n'est-elle pas plus dangereuse encore? Les mésaventures un peu embrouillées de la pauvre Olivia, fille du ministre de Wakefield, mariée à l'infâme squire Thornhill par un homme qu'elle croyait prêtre, que lui ne croyait pas prêtre, et qui se trouvait être prêtre parce qu'un valet fripon avait trompé un maître libertin, ne prouvent-elles pas aux lecteurs, ne devaient-elles pas prouver à l'auteur lui-même la nécessité d'un contrôle efficace par l'autorité de l'acte le plus important de la vie civile? Son peu de goût pour les nouveautés ou son désir de justifier son célibat nous paraîtraient aujourd'hui insuffisants pour expliquer son attitude si elle eût été isolée; mais elle était celle de bon nombre d'hommes politiques ou publicistes à cette époque et même plus tard; ils invoquaient précisément les arguments que Goldsmith fait valoir, tout faibles qu'ils soient [1].

---

1. Lord Campbell, *ouv. cité*, t. VI, p. 262. — Henry Fox s'était élevé avec violence contre le bill et son auteur.

X. — Nous avons déjà vu Goldsmith constater que le principal objet de la législation anglaise était la protection de la propriété. L'Angleterre, en effet, est un des pays où la propriété a été, *en fait*, le plus fortement garantie contre toute atteinte, et cela malgré le principe d'après lequel tout propriétaire foncier n'a eu réalité qu'une tenure, une terre mouvante du roi. « Si le possesseur de terres a joui de vieille date sur son domaine de droits considérables et si, dans le cours des siècles, ces droits n'ont fait que se développer et se consolider, la notion d'une propriété indépendante et absolue, telle que la conçoit le droit romain, est étrangère au droit anglais dès qu'il s'agit d'immeubles : le possesseur de terres est réputé n'avoir jamais qu'un droit dérivé, un fief mouvant, soit de la couronne, soit d'un suzerain intermédiaire ; il n'est pas propriétaire au sens romain du mot, et toute la terminologie juridique se ressent de cette différence fondamentale qui a survécu, à travers les siècles, à l'effondrement du régime féodal proprement dit[1]. »

Inutile d'insister sur ce point, d'un intérêt purement théorique au dix-huitième siècle. — D'une manière générale, Goldsmith nous représente les lois comme faites trop exclusivement dans l'intérêt des riches, et, plus particulièrement, il s'élève contre les *latifundia* et les expulsions de tenanciers ; dès cette époque, les possesseurs de certains domaines remplaçaient par des bois ou des prairies les cultures susceptibles de nourrir une population plus nombreuse ; des hameaux, des villages entiers disparaissaient ; les paysans, chassés de leurs foyers, étaient réduits à émigrer dans les villes ou à l'étranger. C'est surtout en Irlande et en Ecosse que se produisaient ces tristes exodes. Tel est

---

1. E. Lehr, *Eléments du Droit civil anglais*, liv. II, ch. i.

le sujet du poème justement célèbre du *Village abandonné*.
J'ai examiné autrefois les critiques adressées aux idées
émises par le poète ; je me contente ici de renvoyer à mon
étude [1]. — Il n'est pas nécessaire d'être socialiste dans le
sens donné communément aujourd'hui à ce mot pour chercher les moyens de limiter les fortunes et surtout d'empêcher les abus des grandes fortunes ; Goldsmith ne nous
donne pas nettement la solution du problème : il semble
bien pourtant qu'il voie le salut dans la constitution de la
petite propriété rurale, ou tout au moins dans l'octroi de
garanties sérieuses données aux tenanciers contre les évic-
tions arbitraires, « fixity of tenure ». C'est dans ce sens
que travaille aujourd'hui le gouvernement britannique. Il a
rencontré sur sa route bien des difficultés qui sont encore
loin d'être toutes aplanies. La question des « small
holdings » est toujours actuelle.

XI. — Sur les contrats, je n'ai glané que peu de renseignements dans les œuvres de Goldsmith. Le cas le plus
intéressant est celui que nous trouvons exposé dans les
derniers chapitres du *Ministre de Wakefield*, chapitres où
malheureusement l'action est si précipitée et parfois fort
peu vraisemblable. Mr. Thornhill doit épouser Miss Wilmot,
une riche héritière ; à un moment donné, son véritable caractère est reconnu ; se voyant démasqué, il s'adresse à son
oncle, Sir William Thornhill : « Sachez, monsieur, que si je
n'ai pas à attendre de justice ici, je suis résolu néanmoins
à ce que justice me soit rendue. La pauvreté ne me fera plus
dépendre de vos bienfaits ; je les méprise. Rien ne peut me

---

1. *Note sur les idées économiques de Goldsmith dans le «* Village
abandonné *», Mémoires de l'Académie des sciences, inscriptions et
belles-lettres de Toulouse,* 1884, 2e semestre.

priver de la fortune de Miss Wilmot, fortune qui, grâce à l'activité de son père, est assez considérable. Le contrat et un engagement pour ses biens sont signés et en ma possession. C'était sa fortune, non sa personne, qui me faisait désirer ce mariage; j'ai l'une; prenne l'autre qui voudra. » — « Le coup était rude, poursuit le narrateur. Sir William comprit le bien-fondé des prétentions de son neveu, car il avait participé lui-même à la rédaction des articles. Miss Wilmot, voyant sa fortune perdue sans ressources, se tourna vers mon fils et lui demanda si cette perte ôtait quelque chose à la valeur qu'elle avait à ses yeux... » — Presque aussitôt après, de nouvelles révélations se produisent : le squire avait antérieurement contracté mariage avec Olivia, fille aînée du Dr Primrose. « Attendez, attendez, monsieur, dit au squire son ancien complice Jenkinson, il me reste deux mots à dire. Pour ce qui est de la fortune de cette demoiselle, vous n'en toucherez jamais un rouge liard. Votre honneur voudrait-il bien me dire, continue-t-il en s'adressant à Sir William, si le squire ne peut toucher cette fortune, étant déjà marié à une autre ? » — « Comment pouvez-vous me poser une question si simple ? répond le baronnet. C'est assurément impossible. » — « Le contrat ne vaut donc pas un bourre-pipe ; le squire est déjà marié [1] ! »

Que l'existence d'un précédent mariage ait empêché le contrat fait en prévision d'une nouvelle et impossible union de produire aucun effet, cela est tout naturel. Mais qu'un contrat fait pour régir un mariage d'ailleurs permis emporte translation de propriété si ce mariage n'est pas célébré, la chose est plus difficile à comprendre. Goldsmith ne s'explique pas sur la teneur de l'engagement dont parle

1. Chapitre XXXI.

Mr. Thornhill. Un distingué professeur de l'Université d'Oxford, que j'ai consulté sur ce point, pense qu'il y a eu de sa part, dans cet épisode, erreur ou fantaisie pure. « Marriage articles and marriage settlements are wholly contingent upon marriage taking place [1]. » *Sine nuptiis dos non est.*

Tous les lecteurs du *Ministre de Wakefield* se rappellent certainement comment Moïse, le second fils du Dr Primrose, vendit 3 livres 5 shillings et 2 pence un cheval à l'escroc Jenkinson, comment ledit escroc lui donna en payement une grosse de lunettes vertes à branches en cuivre argenté dans des étuis de chagrin, et comment le bon docteur fut la dupe du même imposteur, recevant pour prix d'un second cheval — le borgne — un papier sans valeur. De tels incidents sont de tous les temps et de tous les lieux. On rencontre ailleurs qu'en Angleterre les dations en payement frauduleuses.

XII. — Je termine ici l'examen des principaux renseignements que la lecture de Goldsmith peut nous fournir sur les institutions de son pays et de son temps. Je n'ajouterai qu'une remarque. L'écrivain irlandais a, sur bien des points, fait preuve d'une rare clairvoyance ; c'est ainsi qu'il a été des premiers à prévoir l'indépendance des Etats-Unis d'Amérique et la Révolution française, à réclamer la réforme du droit pénal. Il est pourtant un mouvement qui se passait sous ses yeux et dont il ne parle pas, dont il paraît avoir complètement méconnu l'importance. C'est le mouvement religieux qui soulevait les masses profondes de

---

1. « In England the settlement is null and void if the mariage do not take place (*Thomas* v. *Brennan* 15 L. J. Ch. 420), or if the marriage is not a valid and effectual one... » (J. Williams, *The Institutes of Justinian illustrated by English Law*, 1883, p. 72).

la population anglaise à la suite de Wesley et des prédicateurs du méthodisme. Fils, petit-fils et frère de pasteurs, religieux par éducation et par caractère, il ne comptait pas beaucoup pourtant sur l'Eglise établie et la hiérarchie officielle pour mettre fin à une corruption dans les institutions et les mœurs publiques ou privées qu'il déplorait et qu'il a peinte d'une façon bien moins crue, d'ailleurs, que la plupart des auteurs contemporains [1]. Le salut ne devait pas venir à l'Angleterre de l'union plus intime qu'il préconisait entre le peuple et ses rois hanovriens; il était dans le réveil des consciences et l'éducation des volontés.

Henri Duméril.

1. Tout en reconnaissant les vertus d'un grand nombre de membres du clergé anglican de son époque (voy. le *Ministre de Wakefield*, le *Village abandonné*, etc.), il dirige contre lui plus d'un trait de satire. Voyez, par exemple, *Le Citoyen du monde*, lettres XXVII et LVIII. Sur le *clergyman* dans la littérature romanesque du dix-huitième siècle et au début du dix-neuvième, on peut lire Forsyth, *ouvrage cité*, pp. 121-134, 331-333.

Toulouse, Imp. Douladoure-Privat, rue S¹-Rome, 39. — 6938